AF197278

Luise Lilienthal

Mini-Muffins

Die besten Rezepte

Fotografiert von
Andreas Ketterer & Karl Newedel

Bassermann

Inhalt

Auf ins Mini-Muffin-Wunderland!

Freche Mini-Muffins machen Spaß, sind lecker und geradezu ideal, um zu backen, was einem in den Sinn kommt: von kleinen Hinguckern bis zu originellen Kunstwerken. Der Fantasie sind dabei kaum Grenzen gesetzt. Alles, was Sie brauchen, sind Freude am Experimentieren, ein wenig Lebensmittelfarbe, ein paar Süßigkeiten zum Dekorieren und natürlich die Rezepte für die köstlichen Minis. Und schon liegt Ihnen und Ihren Gästen eine ganze bunte Welt zu Füßen. Aber Vorsicht! Die charmanten Lieblinge können so hinreißend und lebendig aussehen, dass Sie es kaum mehr übers Herz bringen werden, sie zu essen.

Ich habe selten erlebt, dass süße Kleinigkeiten so viel Freude, Spaß und Begeisterung auslösen. »So was will ich auch können« war ein Satz, den ich oft gehört habe. Gewusst wie und manchmal auch mit etwas Geduld ist die Produktion von Schäfchen, Marsmännchen oder Prinzessinnen kein Hexenwerk. Trauen Sie sich einfach und kreieren Sie Ihr ganz persönliches Back-Wunderland!

Ich wünsche Ihnen ebenso viel Spaß, wie ich ihn hatte – beim Backen, Experimentieren und Probieren. Überraschen Sie Ihre Freunde, Ihre Familie oder auch sich selbst mit diesen frechen Mini-Muffins.

Ihre Luise Lilienthal

Freche Muffins für jeden Anlass

Diese Mini-Muffins sind wahre Verführer und liefern ganz großes Genuss-Kino. Sie sind klein und charmant, schnell zubereitet und noch schneller gegessen. Frisch, frech und fröhlich sorgen sie auf Kindergeburtstagen und Partys für Begeisterung. Genauso gut kann man sie aber auch als Betthupferl oder als köstlich-kleine Kuchenkreation in einem stillen Moment genießen.

Die Grundausstattung

Freche Mini-Muffins bestehen eigentlich immer aus einer Art Grundteig, den Sie mit Obst, Schokolade oder Nüssen variieren und mit Dekoelementen raffiniert verzieren können. Damit Sie jederzeit gerüstet sind, wenn Sie die Lust auf Muffin-Basteleien überkommt oder Sie spontan auf eine Party eingeladen werden, sollten Sie folgende Zutaten immer im Haus haben: Mehl, Zucker, Eier, geschmacksneutrales Öl, Backpulver, Speisestärke und Joghurt. Ich bevorzuge Distelöl. Statt des Distelöls können Sie auch ein anderes geschmacksneutrales Öl wie Sonnenblumenöl oder Rapsöl verwenden. Olivenöl aber ist wegen des starken Eigengeschmacks ungeeignet. Dies sind die Pflichtzutaten, alles andere ist Kür. Für Schokoladen-Muffins benötigen Sie Kakaopulver oder Schokolade, für Muffins mit Früchten Beeren oder anderes Obst. Puderzucker sollte sowieso in keinem Backhaushalt fehlen – Sie brauchen ihn bei fast allen Rezepten für die Glasur.

Um aus Ihren Muffins kleine freche Kunstwerke zu kreieren, ist Lebensmittelfarbe unverzichtbar. Die wird vom Handel in der Tube und als Pulver angeboten. In gut sortierten Fachmärkten können Sie auch Lebensmittelfarben aus Naturprodukten wie Roter Bete ganz ohne künstliche Zusatzstoffe bekommen. Sehr lohnenswert ist ein Blick ins Süßigkeitenregal. Fruchtgummis, Brauseflummis, Lakritz, Fledermäuse oder Smarties eignen sich hervorragend zum Verzieren. Mit Zuckerperlen, Elfenstaub und Streuzucker können Sie schnell tolle Effekte erzielen. Marzipan lässt sich wunderbar zum Gestalten oder als Decke verwenden. Firmen wie beispielsweise Haribo bieten ein breites Spektrum von süßen Figuren an, die Sie nur noch ankleben oder zurechtschneiden müssen. Wenn Sie auf Gelatine und Zucker im Gummibärchen verzichten wollen, können Sie auch auf Produkte aus dem Naturkostladen zurückgreifen. Die Motivauswahl ist hier jedoch deutlich begrenzter.

In einigen Rezepten verwende ich Alkohol, beispielsweise Eierlikör. Auch wenn sich der Alkohol durch das Backen weitgehend verflüchtigt, sind diese kleinen Muffins doch eher etwas für Erwachsene und gehören nicht in Kindermund. Sirup-Hersteller bieten inzwischen aber ein sehr breites Sortiment an, sodass es gute Alternativen gibt. Statt Limoncello können Sie auch Limetten-Fruchtsirup verwenden, statt Batida de Coco Kokos-Fruchtsirup. Garantiert alkoholfrei und kindgerecht. Für Eierlikör gibt es allerdings keinen adäquaten Ersatz.

Ähnlich wie mit den Zutaten verhält es sich mit den Küchengeräten. Als Grundausstattung genügt es, zwei Rührschüsseln, einen kleinen Topf, einen Kochlöffel, einen Teigschaber, ein Messer, einen Backpinsel, eine Knoblauchpresse, Holzzahnstocher und eine Küchenwaage zu besitzen. Die Waage ist zwar nicht zwingend erforderlich, erleichtert das genaue Abwiegen aber ungemein. Ein Handrührgerät brauchen Sie nur dann, wenn Sahne oder Creme ins Spiel kommt. Zum stilvollen Verzieren ist ein Spritzbeutel mit Tülle sehr praktisch.

Backen

Bei der Teigzubereitung gibt es zwei Komponenten – den trockenen und den feuchten Teig. Das Geheimnis des fluffigen Muffins liegt in diesem Zweikomponenten-Vorgehen. Die trockenen und feuchten Teigbestandteile werden erst zum Schluss rasch zusammengemischt und vorsichtig verrührt. Zu heftiges Schlagen führt zu zähen Ergebnissen. Mini-Muffins sind in dieser Hinsicht aber sehr viel robuster als ihre großen Geschwister.

Diese Robustheit hat einen ganz wunderbaren Nebeneffekt. Sie können nämlich aus einem Grundteig mehrere Varianten herstellen und in einem Blech backen. So können Sie zum Beispiel die erste Hälfte des Teiges zu hellen Muffins verarbeiten und die zweite Hälfte mit einem Esslöffel Kakao färben und dunkle Muffins mitbacken. In einem Durchgang schaffen Sie somit gleich zwei Muffin-Sorten.

Füllen Sie die Vertiefungen nur zu ungefähr drei Vierteln mit Teig, denn er geht wegen des Backpulvers noch auf. Sind die Förmchen zu üppig befüllt, quillt der Teig über, was nicht nur die Form des Muffins beeinträchtigt, sondern zusätzliche Arbeit beim Reinigen der Form bedeutet. Relativ zielsicher lässt sich der Teig mit einem Teelöffel in die Förmchen füllen.

Jeder Ofen heizt ein wenig anders. Auch wenn digitale Temperaturanzeigen verlässlicher wirken als Drehräder bei Gasöfen, so empfiehlt es sich immer, ein einfaches und bestechend zuverlässiges Testverfahren anzuwenden: den Holzstäbchentest. Damit können Sie feststellen, ob die Mini-Muffins fertig sind. Einfach in einen Muffin stechen und wieder herausziehen. Bleiben keine oder nur wenige Teigkrümelchen am Stäbchen oder Zahnstocher hängen, sind sie fertig. Ansonsten sollten Sie ihnen noch ein bis zwei Minuten geben und den Test wiederholen.

Nehmen Sie nach dem Backen die Form aus dem Ofen und lassen Sie die Muffins ein paar Minuten abkühlen. Fahren Sie dann mit einem kleinen Messer, möglichst einem Obstmesserchen, am Rand der Muffins entlang. Wenn Sie daran gedacht haben, die Förmchen vorher einzuölen, werden die Muffins spielend leicht aus der Form gehen. Lassen Sie sie auf einem Kuchengitter ein paar Minuten auskühlen, bevor Sie sie verzieren.

Dekorieren

Beim Gestalten der kleinen Kostbarkeiten können Sie Ihrer Fantasie freien Lauf lassen. Erlaubt ist alles, was gefällt und auf den kleinen Muffins Platz findet.

Für die Zuckerglasur mischen Sie Puderzucker mit Wasser, Zitrone oder Likör und Lebensmittelfarbe am besten in einer kleinen Espressotasse. Die Muffins kopfüber eintauchen, trocknen lassen und fertig ist der Überzug. Zuckerstreusel oder Elfenstaub sollten Sie auf die noch feuchten Muffins streuen. Die Intensität der Farbe hängt von der Menge und dem Fabrikat der von Ihnen verwendeten Lebensmittelfarbe ab.

Dunkles Marzipan erhalten Sie, wenn Sie Marzipan mit Kakaopulver verkneten. Für buntes Marzipan wird die Rohmasse mit Lebensmittelfarbe verknetet.

Um Muffins mit Schokolade zu überziehen, muss die Schokolade über einem heißen, nicht kochenden Wasserbad geschmolzen werden. Achten Sie darauf, dass das Wasser nicht in die Schokolade schwappt. Denn sie verklumpt dann sofort und ist für den Guss nicht mehr zu gebrauchen. Und wieder kommt die Espressotasse zum Einsatz, sofern Sie nur die Kuppel glasieren wollen. Wenn

Sie den Muffin komplett tauchen möchten, benötigen Sie eine etwas größere Schüssel und im Idealfall eine Pralinengabel. Stellen Sie die Muffins danach auf ein Kuchengitter, unter das Sie zuvor eine Zeitung gelegt haben, damit die ablaufende Schokolade nicht den Tisch verklebt.

Servieren und verschenken

Freche Mini-Muffins eignen sich hervorragend als kleines Mitbringsel oder Geschenk und sind als Liebesbeweis oder Partygag unschlagbar. Kleine, hübsch verzierte Papierförmchen bekommen Sie in jedem gut sortierten Haushaltswarengeschäft und im Internet. Nutzen Sie die Förmchen zum Verpacken, nicht zum Backen. Unbenutzt sehen sie sehr viel hübscher aus. Zum Backen selbst benötigen Sie keine Papierförmchen, das Blech ist beschichtet. In Papeterien können Sie bunte Schächtelchen erwerben, in denen Sie Ihre Mini-Muffins transportsicher verpacken und stilvoll überreichen können. Verpackt in Zellophan und mit einem Schleifchen versehen sind sie ein ausgesprochen liebevolles, persönliches Geschenk.

Bunt getupft

Zubereitungszeit

15 Minuten

Backzeit

10–12 Minuten

Für die Form

etwas geschmacks-
neutrales Öl

Zutaten

90 g Mehl
1 TL Backpulver
1 EL Speisestärke
1 Prise Salz
1 Ei (Größe M)
50 g Zucker

50 ml geschmacks-
neutrales Öl
3 EL Joghurt
125 g Puderzucker
gelbe Lebensmittelfarbe
24 bunte Schokolinsen

1 Den Backofen auf 180 °C Ober- und Unterhitze vorheizen (Umluft: 160 °C). Die Vertiefungen der Form mit Öl einpinseln.

2 Das Mehl mit Backpulver, Speisestärke und dem Salz vermengen.

3 In einer zweiten Schüssel das Ei mit Zucker, Öl und Joghurt verquirlen.

4 Die Mehlmischung mit der Eiermasse vorsichtig vermengen und den Teig zu drei Vierteln in die Vertiefungen geben. Die Muffins auf einem Backrost auf der mittleren Schiene des vorgeheizten Backofens 10–12 Minuten backen.

5 Für den Guss den Puderzucker mit der Lebensmittelfarbe vermengen. Den Guss in eine Espressotasse füllen. Die Muffins kopfüber in den Guss tauchen und auf ein Kuchengitter stellen. Die noch feuchten Muffins mit jeweils einer Schokolinse verzieren.

Für den Osterkorb

Bunte Blumenwiese

Zubereitungszeit

15 Minuten

Backzeit

10–12 Minuten

Für die Form

etwas geschmacks-
neutrales Öl

Zutaten

90 g Mehl
1 TL Backpulver
1 EL Speisestärke
1 Päckchen Vanillezucker
1 Prise Salz
1 Ei (Größe M)
40 g Zucker
50 ml geschmacks-
neutrales Öl

3 EL Joghurt
125 g Puderzucker
bunte Lebensmittelfarbe
1 Marzipandecke
24 Zuckerperlen

Außerdem:
Kleine Blumenausstecher

1 Den Backofen auf 180 °C Ober- und
   Unterhitze vorheizen (Umluft: 160 °C).
   Die Vertiefungen der Form mit Öl ein-
   pinseln.

2 Das Mehl mit Backpulver, Speisestärke,
   Vanillezucker und dem Salz vermengen.

3 In einer zweiten Schüssel das Ei
   mit dem Zucker, dem Öl und Joghurt
   verquirlen.

4 Die Mehlmischung mit der Eiermasse
   vorsichtig vermengen. Den Teig zu drei
   Vierteln in die Vertiefungen der Form
   füllen. Die Muffins auf einem Backrost
   auf der mittleren Schiene des vorgeheizten Backofens 10–12 Minuten
   backen.

5 Den Puderzucker auf Espressotassen
   verteilen, mit etwas Wasser und den
   Lebensmittelfarben verrühren. Die
   Muffins kopfüber in die Glasur tauchen
   und auf einem Kuchengitter abstellen.
   Aus der Marzipandecke mit einem
   kleinen Blumenausstecher 24 Blüten
   ausstechen. Die Blüten mit dem ge-
   färbten Zuckerguss bestreichen und
   auf die Muffins setzen. In die Mitte der
   Blüte eine Zuckerperle setzen.

Schnell gemacht

Prinzessinnen-Muffins

Zubereitungszeit

20 Minuten

Backzeit

10–12 Minuten

Für die Form

etwas geschmacks-
neutrales Öl

Zutaten

90 g Mehl
1 TL Backpulver
1 EL Speisestärke

1 Prise Salz
1 Ei (Größe M)
50 g Zucker
50 ml geschmacks-
neutrales Öl
3 EL Joghurt
125 g Puderzucker
Lebensmittelfarbe: rot, gelb
Zuckerperlen

1 Den Backofen auf 180 °C Ober- und Unterhitze vorheizen (Umluft: 160 °C). Die Vertiefungen der Form mit Öl einpinseln.

2 Das Mehl mit Backpulver, Speisestärke und dem Salz vermengen.

3 In einer zweiten Schüssel das Ei mit dem Zucker, dem Öl und dem Joghurt verquirlen.

4 Die Mehlmischung mit der Eimischung vorsichtig vermengen und den Teig zu drei Vierteln in die Vertiefungen geben. Die Muffins auf einem Backrost auf der mittleren Schiene des vorgeheizten Backofens 10–12 Minuten backen.

5 Für den Guss den Puderzucker auf zwei kleine Gefäße verteilen, mit etwas Wasser verrühren und mit den Lebensmittelfarben vermengen. Die Muffins kopfüber in den Guss tauchen und auf ein Kuchengitter stellen. Noch feucht mit Zuckerperlen verzieren.

Köstlich und fluffig

Erdbeer-Küsschen

Zubereitungszeit

30 Minuten

Backzeit

10–12 Minuten

Für die Form

etwas geschmacks-
neutrales Öl

Zutaten

90 g Mehl
1 TL Backpulver
1 EL Speisestärke
1 Päckchen Vanillezucker
1 Prise Salz
1 Ei (Größe M)
40 g Zucker
50 ml geschmacks-
neutrales Öl

3 EL Erdbeerjoghurt
125 g Puderzucker
rote Lebensmittelfarbe
100 g Butter, zimmerwarm
50 g Puderzucker
100 g Marshmallow-Creme,
Erdbeere
24 Zuckerperlen

Außerdem:
Spritzbeutel mit Sterntülle

1 Den Backofen auf 180 °C Ober- und Unterhitze vorheizen (Umluft: 160 °C). Die Vertiefungen der Form mit Öl einpinseln.

2 Das Mehl mit Backpulver, Speisestärke, Vanillezucker und dem Salz vermengen.

3 In einer zweiten Schüssel das Ei mit Zucker, Öl und Erdbeerjoghurt verquirlen.

4 Die Mehlmischung mit der Eiermasse vorsichtig vermischen. Den Teig zu drei Vierteln in die Vertiefungen der Form füllen. Die Muffins auf einem Backrost auf der mittleren Schiene des vorgeheizten Backofens 10–12 Minuten backen.

5 Den Puderzucker mit etwas Wasser und der Lebensmittelfarbe anrühren. Wenn Sie unterschiedliche Rottöne möchten, verteilen Sie den Puderzucker auf verschiedene Tassen und variieren den Anteil an Lebensmittelfarbe. Die Muffins kopfüber in den Guss tauchen und auf einem Kuchengitter abstellen.

6 Die weiche Butter mit dem Puderzucker vermischen. Die Marshmallow-Creme dazugeben und mit dem Rührgerät zu einer glatten Masse schlagen. In einen Spritzbeutel mit Sterntülle geben und kleine Krönchen auf die Muffins spritzen. Mit je einer Zuckerperle verzieren.

Sternenhimmel

Zubereitungszeit

40 Minuten

Backzeit

10–12 Minuten

Für die Form

etwas geschmacks-
neutrales Öl

Zutaten

90 g Mehl
1 TL Backpulver
1 EL Speisestärke
1 Prise Salz
1 Ei (Größe M)
2 EL Kakaopulver
50 g Zucker
4 EL Joghurt

50 ml geschmacks-
neutrales Öl
1 Päckchen dunkle
Kuchenglasur
Schokoladen-Sterne
20 g Marzipanrohmasse
1 TL Kakaopulver
24 Holzspießchen
24 Papierstreifen (2 x 5 cm)

1 Den Backofen auf 180 °C Ober- und Unterhitze vorheizen (Umluft: 160 °C). Die Vertiefungen der Form mit Öl einpinseln.

2 Das Mehl mit Backpulver, Speisestärke und dem Salz vermengen.

3 In einer zweiten Schüssel das Ei mit Kakaopulver, Zucker, Joghurt und Öl verquirlen.

4 Die Mehlmischung mit der Eiermasse vorsichtig vermengen. Den Teig zu drei Vierteln in die Vertiefungen der Form füllen. Die Muffins auf einem Backrost auf der mittleren Schiene des Backofens 10–12 Minuten backen, abkühlen lassen.

5 Die Kuchenglasur in einem Wasserbad nach Packungsaufschrift schmelzen. Die Muffins möglichst mit einer Pralinengabel oder einem Holzstäbchen vorsichtig in die Glasur tauchen. Auf einem Gitter abtropfen lassen. Die Sterne mit einer Pinzette gleichmäßig auf der noch warmen Schokoladenglasur verteilen.

6 Das Marzipan mit Kakaopulver vermengen und 24 kleine Kügelchen formen. Auf die Holzstäbchen spießen und dann die Muffins darauf stecken. (Das Marzipan verhindert, dass die Muffins durchrutschen.) Die Papierstreifen mit einem Gute-Nacht-Gruß beschriften und an den Stäbchen befestigen.

Süße Schneeflocken

Zubereitungszeit

20 Minuten

Backzeit

10–12 Minuten

Für die Form

etwas geschmacks-
neutrales Öl

Zutaten

90 g Mehl
1 EL Speisestärke
1 TL Backpulver
1 Prise Salz
1 Ei (Größe M)
Mark von 1 Vanilleschote
50 g Zucker
50 ml geschmacks-
neutrales Öl

175 g Puderzucker
3 EL griechischer Joghurt,
10 % Fett
100 g Marzipanrohmasse
50 g Hagelzucker

Außerdem:
Kleine Sternausstechform

---

1 Den Backofen auf 180 °C Ober- und Unterhitze vorheizen (Umluft: 160 °C). Die Vertiefungen der Form mit Öl einpinseln.

2 Das Mehl mit Speisestärke, Backpulver und Salz vermischen.

3 In einer zweiten Schüssel Ei, Vanille-mark, Zucker und Öl verquirlen. Den Joghurt hinzugeben und verrühren.

4 Die Mehlmischung mit der Eiermasse vorsichtig vermischen. Den Teig zu drei Vierteln in die Vertiefungen der Form füllen und die Muffins auf einem Rost auf der mittleren Schiene des vorge-heizten Backofens 10–12 Minuten backen.

5 125 g Puderzucker mit etwas Was-ser verrühren. Die Muffins kopfüber in den Zuckerguss tauchen und auf einem Abtropfgitter trocknen lassen.

6 Die Marzipanrohmasse mit dem rest-lichen Puderzucker verkneten, aus-rollen und mit einem kleinen Stern-ausstecher 24 Sterne ausstechen. Die Sterne an der Unterseite mit einem Tupfen Zuckerguss versehen und auf die Muffins legen. Mit Zucker-guss bestreichen und mit Hagelzucker bestreuen. Auch den Rand der Muffins mit Zuckerguss bestreichen und mit Hagelzucker versehen.

Heidelbeer-Klassik

Zubereitungszeit

15 Minuten

Backzeit

10 Minuten

Für die Form

etwas geschmacks-
neutrales Öl

Zutaten

90 g Mehl
1 EL Speisestärke
1 TL Backpulver
1 Päckchen Vanillezucker
1 Prise Salz
2 Eier (Größe M)
40 g Zucker
3 EL Buttermilch

50 ml geschmacks-
neutrales Öl
50 g Heidelbeeren, frisch
oder tiefgefroren
Puderzucker zum Bestäuben

1 Den Backofen auf 175 °C Ober- und Unterhitze vorheizen (Umluft: 155 °C). Die Vertiefungen der Form mit Öl einpinseln.

2 Das Mehl mit Speisestärke, dem Backpulver, Vanillezucker und Salz mischen.

3 In einer zweiten Schüssel die Eier mit Zucker, Buttermilch und dem Öl verquirlen.

4 Die Eimasse mit der Mehlmischung vorsichtig verrühren.

5 Den Teig zu drei Vierteln in die Vertiefungen der Form füllen und mit einem Holzstäbchen je 5 Heidelbeeren in den Teig drücken. Die Muffins auf einem Rost auf der mittleren Schiene des vorgeheizten Backofens 10 Minuten backen.

6 Abkühlen lassen und mit Puderzucker bestäuben.

Exotisch fruchtig

Mango! Mango!

Zubereitungszeit

30 Minuten

Backzeit

12 Minuten

Für die Form

etwas geschmacks-
neutrales Öl

Zutaten

80 g Mehl
1 TL Backpulver
1 EL Speisestärke
1 Prise Salz
1 Ei (Größe M)
50 g Zucker
3 EL Joghurt
2 EL weiße Schokolade,
    klein gehackt
2 Dosen Mango
50 g geschmacks-
    neutrales Öl
1 Päckchen Tortenguss,
    klar

1 Den Backofen auf 180 °C Ober- und Unterhitze vorheizen (Umluft: 160 °C). Die Vertiefungen der Form mit Öl einpinseln.

2 Das Mehl mit Backpulver, Speisestärke und Salz vermischen.

3 In einer zweiten Schüssel das Ei mit dem Zucker verquirlen, Joghurt und die klein gehackte weiße Schokolade hinzugeben. 2 EL Mango in sehr kleine Würfel schneiden und mit dem Öl hinzufügen.

4 Die Mehl- mit der Eimasse vorsichtig verrühren. Den Teig zu drei Vierteln in die Vertiefungen der Form füllen.

5 Aus den verbliebenen Mangoscheiben mit einem kleinen Schnapsglas kleine Kreise in der Größe der Muffinförm- chen ausstechen (ca. 5 cm Ø) und auf den Teig legen. Die Muffins auf einem Rost auf der mittleren Schiene des vorgeheizten Backofens 12 Minu- ten backen. Die Muffins anschließend erkalten lassen.

6 Den Tortenguss nach Packungs- anleitung zubereiten und die Mango- deckelchen damit bestreichen.

Für Verliebte

Verführerischer Erdbeertraum

Zubereitungszeit

30 Minuten

Backzeit

10–12 Minuten

Für die Form

etwas geschmacks-
neutrales Öl

Zutaten

90 g Mehl
1 TL Backpulver
1 EL Speisestärke
1 Päckchen Vanillezucker
1 Prise Salz
1 Ei (Größe M)
40 g Zucker
50 ml geschmacks-
neutrales Öl
3 EL Joghurt
8 Erdbeeren, groß
125 g Puderzucker
rosa Lebensmittelfarbe

1 Den Backofen auf 180 °C Ober- und Unterhitze vorheizen (Umluft: 160 °C). Die Vertiefungen der Form mit Öl einpinseln.

2 Das Mehl mit Backpulver, Speise-stärke, Vanillezucker und dem Salz vermengen.

3 In einer zweiten Schüssel das Ei mit Zucker, Öl und Joghurt verquirlen.

4 Die Mehlmischung mit der Eiermasse vorsichtig verrühren. Den Teig zu drei Vierteln in die Vertiefungen der Form füllen. Die Muffins auf einem Backrost auf der mittleren Schiene des vorge-heizten Backofens 10–12 Minuten backen.

5 Die Erdbeeren waschen und nach Belieben halbieren, vierteln oder achteln.

6 Den Puderzucker mit etwas Wasser und der Lebensmittelfarbe anrühren. Die Muffins kopfüber in den Puder-zuckerguss tauchen. Die Erdbeeren auf die noch feuchte Glasur legen.

Geburtstags-Minis

Zubereitungszeit

15 Minuten

Backzeit

10–12 Minuten

Für die Form

etwas geschmacks-
neutrales Öl

Zutaten

90 g Mehl
1 TL Backpulver
1 EL Speisestärke
1 Prise Salz
1 Ei (Größe M)
50 g Zucker
50 ml geschmacks-
neutrales Öl
3 EL Joghurt

125 g Puderzucker
verschiedene Lebensmittelfarben
2 EL Elfenstaub oder
anderer Dekorzucker
12 Holzstäbchen mit
Geburtstagsfähnchen
12 Geburtstagskerzen
(je nach Alter)

1 Den Backofen auf 180 °C Ober- und Unterhitze vorheizen (Umluft: 160 °C). Die Vertiefungen der Form mit Öl einpinseln.

2 Das Mehl mit Backpulver, Speisestärke und dem Salz vermengen.

3 In einer zweiten Schüssel das Ei mit dem Zucker, dem Öl und dem Joghurt verquirlen.

4 Die Mehlmischung mit der Eiermischung vorsichtig vermengen und den Teig zu drei Vierteln in die Vertiefungen geben. Die Muffins auf einem Backrost auf der mittleren Schiene des vorgeheizten Backofens 10–12 Minuten backen.

5 Für den Guss den Puderzucker auf drei Tassen verteilen, mit etwas Wasser verrühren und mit den Lebensmittelfarben vermengen. Die Muffins kopfüber in den Guss tauchen und auf ein Kuchengitter stellen. Die noch feuchten Muffins mit Elfenstaub oder anderem Dekorzucker bestreuen. Die Papierfähnchen und die Geburtstagskerzen auf die Muffins stecken.

Mini Glücksbringer

Zubereitungszeit

20 Minuten

Backzeit

10–12 Minuten

Für die Form

etwas geschmacks-
neutrales Öl

Zutaten

50 g Mehl
50 g Mandeln, geschält,
gemahlen
1 EL Speisestärke
1 TL Backpulver
1 Prise Salz
2 Eier (Größe M)
20 g Zucker
2 EL Joghurt

50 ml geschmacks-
neutrales Öl
150 g Puderzucker
rote Lebensmittelfarbe
50 g Marzipanrohmasse

1 Den Backofen auf 180 °C Ober- und
Unterhitze vorheizen (Umluft: 160 °C).
Die Vertiefungen der Form mit Öl
einpinseln.

2 Das Mehl mit Mandeln, Speisestärke,
Backpulver und dem Salz vermischen.

3 In einer zweiten Schüssel die Eier
mit Zucker, Joghurt und dem Öl verquirlen.

4 Die Mehlmischung mit der Eiermasse
vorsichtig vermischen. Den Teig zu
drei Vierteln in die Vertiefungen der
Form füllen und die Muffins auf einem
Rost auf der mittleren Schiene des
vorgeheizten Backofens 10–12 Minuten backen.

5 125 g Puderzucker mit der roten
Lebensmittelfarbe und etwas Wasser
verrühren. Die Muffins kopfüber in
den Puderzucker tauchen und auf
ein Abtropfgitter stellen.

6 25 g Puderzucker mit der Marzipanrohmasse verkneten. Aus dem
Marzipan kleine Kügelchen formen
und auf die Muffins drücken.

Elfentörtchen

Zubereitungszeit

10 Minuten

Backzeit

10 Minuten

Für die Form

etwas geschmacks-
neutrales Öl

Zutaten

90 g Mehl
1 TL Backpulver
1 EL Speisestärke
1 Prise Salz
1 Ei (Größe M)
50 g Zucker
50 ml geschmacks-
neutrales Öl
3 EL Joghurt

3 EL Puderzucker
1 TL Himbeersirup
3 EL Elfenstaub oder
anderen Dekozucker

1 Den Backofen auf 180 °C Ober- und Unterhitze vorheizen (Umluft: 160 °C). Die Vertiefungen der Form mit Öl einpinseln.

2 Das Mehl mit Backpulver, Speisestärke und dem Salz vermengen.

3 In einer zweiten Schüssel das Ei mit dem Zucker, dem Öl und dem Joghurt verquirlen.

4 Die Mehl- mit der Eimischung vorsichtig vermischen und den Teig zu drei Vierteln in die Vertiefungen geben. Auf einem Backrost auf der mittleren Schiene des vorgeheizten Backofens 10 Minuten backen.

5 Für den Guss den Puderzucker mit dem Himbeersirup vermengen. In eine Espressotasse füllen. Die Muffins kopfüber in den Guss tauchen und auf ein Kuchengitter stellen. Die noch feuchten Muffins mit Elfenstaub oder anderem Dekorzucker bestreuen.

Kleine Schmetterlinge

Zubereitungszeit

50 Minuten

Backzeit

10–12 Minuten

Für die Form

etwas geschmacks-
neutrales Öl

Zutaten

90 g Mehl
1 TL Backpulver
1 EL Speisestärke
1 Prise Salz
1 Ei (Größe M)
50 g Zucker
50 ml geschmacks-
neutrales Öl
3 EL Joghurt

Lebensmittelfarbe, rot, gelb
125 g Puderzucker
24 Brause Ufos
2 Fruchtschnecken
50 g Marzipanrohmasse
25 g Puderzucker
Zuckerschriften
24 Zuckerperlen
Elfenstaub zum Verzieren
24 Papierförmchen

1 Den Backofen auf 180 °C Ober- und Unterhitze vorheizen (Umluft: 160 °C). Die Vertiefungen der Form mit Öl einpinseln.

2 Das Mehl mit Backpulver, Speisestärke und dem Salz vermengen.

3 In einer zweiten Schüssel das Ei mit dem Zucker, dem Öl und dem Joghurt verquirlen.

4 Die Mehl- mit der Eiermasse und nach Belieben mit roter Farbe vorsichtig vermengen. Den Teig zu drei Vierteln in die Vertiefungen geben. Die Muffins auf einem Backrost auf der mittleren Schiene des vorgeheizten Backofens 10 –12 Minuten backen.

5 Den Puderzucker auf zwei Gefäße verteilen und mit Lebensmittelfarbe und etwas Wasser anrühren. Die Muffins in den Zuckerguss tauchen und auf einem Kuchengitter trocknen lassen. Die Braseflummis in der Mitte teilen und die Brause entfernen. Aus den Deckeln werden die Flügel. Die Schnecken aufrollen und aufspalten. 48 ca. 2 cm lange Fäden abschneiden. Daraus werden die Fühler.

6 Die Marzipanrohmasse mit dem Puderzucker verkneten. Aus der Marzipanrohmasse 24 ca. 3 cm lange Rollen formen. Die Flügel mit etwas Zuckerschrift verzieren. Die Brause-flügel in die Marzipanrollen stecken. Die Fühler auf dem Marzipan an-

bringen. Die Zuckerperlen mit etwas Zuckerguss als Nasen festkleben. Die Marzipanrolle, die der Schmetterlingskörper ist, an der Unterseite mit Zuckerguss bestreichen und auf die

Muffins setzen. Zuletzt den Zwischenraum zwischen den Flügeln mit etwas Zuckerguss bestreichen und Elfenstaub einrieseln lassen. In die Papierförmchen setzen.

Zum Fürchten gut!

Kleine Halloween-Monster

Zubereitungszeit

60 Minuten

Backzeit

10–12 Minuten

Für die Form

etwas geschmacks-
neutrales Öl

Zutaten

90 g Mehl
20 g Haselnüsse, gemahlen
1 TL Backpulver
1 EL Speisestärke
½ TL Piment, gemahlen
1 Ei (Größe M)
50 g Zucker
40 g Zartbitterschoko-
lade, 70 % Kakaoanteil,
geschmolzen
50 ml geschmacks-
neutrales Öl
3 EL Joghurt
1 Prise Salz
100 g Marzipanrohmasse
175 g Puderzucker
Lebensmittelfarbe: schwarz,
rot, gelb
12 kleine Lakritz-Fleder-
mäuse

1 Den Backofen auf 180 °C Ober- und Unterhitze vorheizen (Umluft: 160 °C). Die Form mit Öl einpinseln.

2 Mehl mit Haselnüssen, Backpulver, Speisestärke und Piment verrühren.

3 In einer zweiten Schüssel das Ei mit Zucker, geschmolzener Schokolade, Öl, Joghurt und Salz verquirlen.

4 Die Mehlmischung mit der Eiermasse mischen. Den Teig zu drei Vierteln in die Vertiefungen der Form füllen und die Muffins auf einem Rost auf der mittleren Schiene des Backofens 10–12 Minuten backen.

5 Marzipan mit 50 g Puderzucker verkneten. Für die Spinnenkörper 12 Ovale (ca. 1,5 cm lang) formen, 12 kleine Kügelchen als Köpfe daran anbringen. An jedem Körper 8 Marzipanbeine (ca. 2 cm lang) mit Zuckerguss befestigen. Die schwarze Lebensmittelfarbe mit Wasser anrühren und die Spinnen damit bestreichen.

6 Aus 2 Esslöffeln Puderzucker mit Wasser, roter und gelber Lebensmittelfarbe Glasuren rühren. 12 Muffins in die gelbe, 12 Muffins in die rote Glasur tauchen. Auf einem Kuchengitter abstellen. Die Lakritz-Fledermäuse auf die gelben Muffins, die Spinnen auf die roten Muffins setzen.

Schneckenrennen

Zubereitungszeit

50 Minuten

Backzeit

10–12 Minuten

Für die Form

etwas geschmacks-
neutrales Öl

Zutaten

90 g Mehl
1 TL Backpulver
1 EL Speisestärke
1 Päckchen Vanillezucker
1 Prise Salz
1 Ei (Größe M)
40 g Zucker
50 ml geschmacks-
neutrales Öl

3 EL Joghurt
80 g Marzipanrohmasse
2 TL Kakaopulver
10 Fruchtgummi-Schnecken
1 EL Puderzucker und
etwas Wasser für den
Zuckerguss

1 Den Backofen auf 180 °C Ober- und
Unterhitze vorheizen (Umluft: 160 °C).
Die Vertiefungen der Form mit Öl ein-
pinseln.

2 Das Mehl mit Backpulver, Speisestärke,
Vanillezucker und dem Salz vermengen.

3 In einer zweiten Schüssel das Ei mit
dem Zucker, dem Öl und dem Joghurt
verquirlen.

4 Die Mehlmischung mit der Eiermasse
vorsichtig vermischen. Den Teig zu drei
Vierteln in die Vertiefungen der Form
füllen. Die Muffins auf einem Backrost
auf der mittleren Schiene des vorgeheizten Backofens 10–12 Minuten
backen.

5 Die Marzipanrohmasse mit dem Kakao
vermengen und 24 ca. 5 cm lange
Rollen formen. 1 Hariboschnecke (rot)
abwickeln, die doppelte Bandführung
aufspalten und 48 ca. 2 cm lange
Fühler abschneiden. Die restlichen
Schnecken abwickeln und zu einem
kleinen Schneckenhaus (Ø ca. 3 cm)
wieder aufwickeln. Das Schneckenhaus auf den Schneckenkörper setzen.
Den Kopf leicht nach oben biegen und
die Fühler anbringen. Die Muffins mit
etwas Zuckerguss bestreichen und die
Schnecken darauf setzen.

Schnell
gemacht

Safari-Minis

Zubereitungszeit

20 Minuten

Backzeit

10–12 Minuten

Für die Form

etwas geschmacks-
neutrales Öl

Zutaten

90 g Mehl
20 g Kakaopulver
1 EL Speisestärke
1 TL Backpulver
1 Prise Salz
2 Eier (Größe M)
40 g Zucker
4 EL Buttermilch

50 ml geschmacks-
neutrales Öl
½ reife Banane
verschiedene Lebensmittelfarben
125 g Puderzucker
24 Spielzeugtierchen aus
Zucker, beispielsweise
kleine Elefanten, -löwen,
-nashörner und mehr

1 Den Backofen auf 180 °C Ober- und Unterhitze vorheizen (Umluft: 160 °C). Die Vertiefungen der Form mit Öl einpinseln.

2 Das Mehl mit Kakaopulver, Speisestärke, Backpulver und dem Salz vermischen.

3 In einer zweiten Schüssel die Eier mit Zucker, Buttermilch und Öl verquirlen.

4 Die Banane mit einer Gabel zerdrücken und zur Eiermasse geben.

5 Die Mehlmischung mit der Eiermasse vorsichtig verrühren.

6 Den Teig zu drei Vierteln in die Vertiefungen der Form füllen und die Muffins auf einem Backrost auf der mittleren Schiene des vorgeheizten Backofens 10–12 Minuten backen.

7 Lebensmittelfarben nach persönlicher Vorliebe wählen. Je 2 EL Puderzucker in eine kleine Espressotasse einfüllen, mit einigen Tropfen Wasser und Lebensmittelfarbe anrühren. Die Muffins kopfüber in den Zuckerguss tauchen und auf ein Kuchengitter stellen. Auf die noch feuchten Muffins die Tiere Afrikas setzen.

zum wach werden

Espresso doppio

Zubereitungszeit

30 Minuten

Backzeit

10 Minuten

Für die Form

etwas geschmacks-
neutrales Öl

Zutaten

90 g Mehl
20 g Kakaopulver
1 EL Speisestärke
1 TL Backpulver
1 Msp. Kardamom, gemahlen
1 Prise Salz
55 g Zucker
2 Eier (Größe M)
2 EL Joghurt

50 ml geschmacks-
neutrales Öl
2 EL Espresso
2 EL Johannisbeergelee
1 Päckchen Kuchenglasur,
Zartbitter
24 schokolierte Espresso-
bohnen

1 Den Backofen auf 175 °C Ober- und Unterhitze vorheizen (Umluft: 155 °C). Die Vertiefungen der Form mit Öl einpinseln.

2 Das Mehl mit Kakaopulver, Speisestärke, Backpulver, Kardamom und eine Prise Salz vermischen.

3 In einer zweiten Schüssel Zucker mit Eiern, Joghurt, Öl und Espresso verquirlen. Die Eiermasse mit der Mehlmischung vorsichtig vermischen.

4 Den Teig zu drei Vierteln in die Vertiefungen der Form füllen. Auf einem Backrost auf der mittleren Schiene des vorgeheizten Backofens 10 Minuten backen.

5 Das Johannisbeergelee in eine Espressotasse geben und mit einer Gabel glatt rühren. Die noch warmen Muffins kopfüber in das Johannisbeergelee tauchen und trocknen lassen.

6 Die Kuchenglasur in einem Wasserbad erhitzen. Die Muffins in die flüssige Kuchenglasur tauchen. Mit jeweils einer schokolierten Espressobohne dekorieren.

Tipp Dazu passt eine Espresso-Sauce wunderbar. (Siehe Seite 74)

Schoko-Erdbeer-Törtchen

Zubereitungszeit

40 Minuten

Backzeit

10–12 Minuten

Für die Form

etwas geschmacks-
neutrales Öl

Zutaten

90 g Mehl
1 TL Backpulver
1 EL Speisestärke
1 Prise Salz
1 Ei (Größe M)
2 EL Kakaopulver
50 g Zucker
4 EL Joghurt
50 ml geschmacks-
neutrales Öl
5 Erdbeeren
125 g Butter, zimmerwarm
70 g Puderzucker
125 g Marshmallow-Creme,
Erdbeere

Außerdem:
Spritzbeutel mit Sterntülle

1 Den Backofen auf 180 °C Ober- und Unterhitze vorheizen (Umluft: 160 °C). Die Vertiefungen der Form mit Öl einpinseln.

2 Das Mehl mit Backpulver, Speisestärke und Salz vermengen.

3 In einer zweiten Schüssel das Ei mit Kakaopulver, Zucker, Joghurt und Öl verquirlen.

4 Die Mehlmischung mit der Eiermasse vorsichtig vermischen. Den Teig zu drei Vierteln in die Vertiefungen der Form füllen. Die Muffins auf einem Backrost auf der mittleren Schiene des vorgeheizten Backofens 10–12 Minuten backen. Die Muffins abkühlen lassen.

Die Muffins waagerecht durchschneiden. Die Erdbeeren waschen und in Scheiben schneiden.

5 Die zimmerwarme Butter mit dem Puderzucker vermengen. Den Marshmallow-Creme dazugeben, gut verrühren. Die Masse in einen Spritzbeutel mit Sterntülle füllen und etwas Masse auf die unteren Hälften der Muffins spritzen. Eine Erdbeerscheibe drauflegen und auch auf diese etwas Creme-Masse spritzen. Die oberen Hälften darauf setzen und ein Krönchen auf die Muffins spritzen. Eine halbierte Erdbeerscheibe oben aufstecken.

Aromatisch & köstlich

Zimtschnecken mit Äpfeln

Zubereitungszeit

35 Minuten

Backzeit

12 Minuten

Für die Form

etwas geschmacks-
neutrales Öl

Zutaten

1 Packung Hefeteig, 450 g
aus dem Kühlregal

2 Äpfel (150 g), z. B. Boskop
1 TL Zimt
80 g Haselnüsse, gemahlen
75 g Quark
20 g brauner Zucker
20 g Butter, flüssig
Zimtzucker zum Bestreuen
4 EL Aprikosenmarmelade

1 Den Backofen auf 175 °C Ober- und
Unterhitze vorheizen (Umluft: 155 °C).
Die Vertiefungen der Form mit Öl
einpinseln.

2 Entweder den fertigen Hefeteig mit
einer Fläche von 25 x 39 cm oder
einen Hefeteig kneten und dünn auf
die angegebene Größe ausrollen. Drei
Streifen von 25 x 13 cm abschneiden.

3 Die Äpfel schälen, entkernen und
fein raspeln. Mit Zimt, Haselnüssen,
Quark und Zucker vermengen. Jeweils
⅓ der Apfelmasse gleichmäßig auf
die Teigstreifen streichen und von der
langen Seite her aufrollen. Mit einem
scharfen Messer in ca. 3 Zentimeter
breite Streifen schneiden.

4 Die Schnecken hochkant in die
Vertiefungen der Form setzen und
mit der flüssigen Butter bestreichen.
Den Zimtzucker darüber streuen.

5 Die Schnecken auf einem Backrost auf
der mittleren Schiene des vorgeheizten
Backofens 12 Minuten backen.

6 Die Aprikosenmarmelade glatt rühren,
in eine Espressotasse füllen und die
noch warmen Muffins kopfüber in
die Marmelade tauchen. Auf einem
Kuchengitter trocknen lassen.

Tipp Machen Sie den Hefeteig einfach
selbst. (Siehe Seite 74)

Davon will man mehr

Banana Cups

Zubereitungszeit

15 Minuten

Backzeit

10 Minuten

Für die Form

etwas geschmacks-
neutrales Öl

Zutaten

90 g Mehl
20 g Kakaopulver
1 EL Speisestärke

1 TL Backpulver
1 Prise Salz
2 Eier (Größe M)
40 g Zucker
4 EL Buttermilch
50 ml geschmacks-
neutrales Öl
½ reife Banane
50 g Vollmilchschokolade

1 Den Backofen auf 175 °C Ober- und Unterhitze vorheizen (Umluft: 155 °C). Die Vertiefungen der Form mit Öl einpinseln.

2 Das Mehl mit Kakaopulver, Speisestärke, Backpulver und Salz vermischen.

3 In einer zweiten Schüssel die Eier mit Zucker, Buttermilch und Öl verquirlen.

4 Die Banane in mit einer Gabel zerdrücken und zur Eimasse geben.

5 Die Eimasse mit der Mehlmischung vorsichtig verrühren.

6 Den Teig zu drei Vierteln in die Vertiefungen der Form füllen und auf einem Backrost auf der mittleren Schiene des vorgeheizten Backofens 10 Minuten backen.

7 40 Gramm Vollmilchschokolade in einem Wasserbad schmelzen und die Muffins kopfüber in die Schokolade tauchen. Von der restlichen Schokolade mit einem scharfen Messer Raspel abtragen und über die Muffins streuen.

Glutenfrei genießen

Castagnaccino

Zubereitungszeit

30 Minuten

Backzeit

10–12 Minuten

Für die Form

etwas geschmacks-
neutrales Öl

Zutaten

80 g Kastanienmehl
20 g Speisestärke
1 TL Backpulver
2 TL Vanillezucker
1 TL Kakaopulver
40 g gegarte Maronen,
klein gehackt
20 g Pinienkerne
1 TL Rosmarin

50 ml geschmacks-
neutrales Öl
1 Ei (Größe M)
100 g saure Sahne
1 Prise Salz
2 TL Zitronensaft
3 TL Zitronenmarmelade
125 g Frischkäse
125 g Butter, zimmerwarm
2 EL Puderzucker
1 EL Honig

1 Den Backofen auf 180 °C Ober- und Unterhitze vorheizen (Umluft: 160 °C). Die Form mit Öl einpinseln.

2 Das Kastanienmehl mit Speisestärke, Backpulver, Vanillezucker und dem Kakao verrühren.

3 Maronen zerdrücken. Pinienkerne in einer Pfanne ohne Fett anrösten, 24 beiseite legen, den Rest hacken. Die gehackten Zutaten mit dem Öl in einer zweiten Schüssel vermischen. Das Ei einrühren. Saure Sahne, Salz, Zitronensaft und Zitronenmarmelade hinzugeben und vermengen.

4 Die Mehl- mit der Maronen-Eimasse vorsichtig verrühren.

5 Den Teig zu drei Vierteln in die Vertiefungen der Form geben und die Muffins auf einem Rost auf der mittleren Schiene des vorgeheizten Backofens 10–12 Minuten backen.

6 Den Frischkäse glatt rühren, die Butter hinzufügen und mit dem Handrührgerät schaumig schlagen. Dann Puderzucker und Honig hinzufügen und alles zu einer glatten Masse verrühren. Erkalten lassen.

7 Die Muffins durchschneiden. Die Buttercreme in eine Spritztülle füllen und einen Tupfer auf den unteren Muffinteil spritzen. Den Deckel aufsetzen und einen Tupfer auf selbigen geben. Mit einem Pinienkern verzieren.

Sommerlich farbenfroh

Aprikosenbusserl

Zubereitungszeit

25 Minuten

Backzeit

13 Minuten

Für die Form

etwas geschmacks-
neutrales Öl

Zutaten

90 g Mehl
1 EL Speisestärke
1 TL Backpulver
1 Prise Zimt
1 Prise Salz
2 EL Pistazien, gehackt
1 Ei (Größe M)
40 g Zucker
3 EL saure Sahne
1 EL Aprikosenlikör
50 ml geschmacks-
neutrales Öl
12 Zuckeraprikosen
2 EL brauner Zucker
1 EL Butter

1 Den Backofen auf 175 °C Ober- und Unterhitze vorheizen (Umluft: 155 °C). Die Vertiefungen der Form mit Öl einpinseln.

2 Das Mehl mit Speisestärke, Backpulver, 1 Prise Zimt, Salz und 1 Esslöffel Pistazien vermengen.

3 In einer zweiten Schüssel das Ei mit Zucker, saurer Sahne, Aprikosenlikör und dem Öl verquirlen.

4 Die Mehlmischung mit der Eimasse vermengen. Den Teig zu drei Vierteln in die Vertiefungen der Form füllen. Die Aprikosen waschen, halbieren, die Kerne entfernen und mit der Schnittfläche nach oben in den Teig drücken. Den Zucker mit den restlichen Pistazien vermischen, auf die Aprikosenhälften streuen und darauf je ein Butterflöckchen geben.

5 Die Muffins auf einem Rost auf der mittleren Schiene des vorgeheizten Backofens 13 Minuten backen.

Tipp Dazu können Sie eine Vanillesauce reichen. Besonders nett ist es, wenn jeder Gast ein kleines Fläschchen mit Sauce bekommt und den noch warmen Muffin mit dieser Sauce begießen kann. Sollten Sie keine Zuckeraprikosen bei Ihrem Händler bekommen, können Sie alternativ auch kleine Aprikosen nehmen.

Blaue Wunder

Zubereitungszeit

30 Minuten

Backzeit

10–12 Minuten

Für die Form

etwas geschmacks-
neutrales Öl

Zutaten

1 TL Backpulver
1 EL Speisestärke
1 Prise Salz
1 Ei (Größe M)
50 g Zucker
50 ml geschmacks-
neutrales Öl

3 EL Joghurt
blaue Lebensmittelfarbe
350 g Schokoladenfrischkäse
6 cl Blue Curaçao
24 Zuckerperlen

Außerdem:
Spritzbeutel mit Sterntülle

1 Den Backofen auf 180 °C Ober- und Unterhitze vorheizen (Umluft: 160 °C). Die Vertiefungen der Form mit Öl einpinseln.

2 Das Mehl mit Backpulver, Speisestärke und dem Salz vermengen.

3 In einer zweiten Schüssel das Ei mit dem Zucker, dem Öl und dem Joghurt verquirlen.

4 Die Mehlmischung mit der Eiermischung vorsichtig vermischen und mit der blauen Lebensmittelfarbe intensiv einfärben. Den Teig zu drei Vierteln in die Vertiefungen geben. Die Muffins auf einem Backrost auf der mittleren Schiene des vorgeheizten Backofens 10–12 Minuten backen.

5 Die abgekühlten Muffins quer durchschneiden. Die Schnittkanten in den Blue Curaçao tunken. Den zimmerwarmen Schokoladenfrischkäse in eine Spritztülle mit Sternöffnung geben und die Creme auf die unteren Hälften der Muffins spritzen. Den oberen Teil aufsetzen. Auf die Oberfläche einen kleinen Klecks Schokoladenfrischkäse spritzen. Mit einer Zuckerperle verzieren.

Erfrischend fruchtig

Lemonissimo

Zubereitungszeit

25 Minuten

Backzeit

10 Minuten

Für die Form

etwas geschmacks-
neutrales Öl

Zutaten

100 g Mehl
1 EL Speisestärke
1 TL Backpulver
1 Prise Salz
2 Eier (Größe M)
50 g Zucker
1 Bio-Zitrone, abgeriebene
   Schale und Saft

2 EL Zitronenlikör
   (Limoncello)
2 EL saure Sahne
40 g Butter
60 g Puderzucker
2 Zweige Zitronenthymian
   zum Verzieren

1 Den Backofen auf 175 °C Ober- und Unterhitze vorheizen (Umluft: 155 °C). Die Vertiefungen der Form mit Öl einpinseln.

2 Mehl mit Speisestärke, Backpulver und der Prise Salz vermischen.

3 In einer zweiten Schüssel die Eier mit Zucker, 1 Esslöffel Zitronensaft, Zitronenlikör, saurer Sahne und dem Zitronenabrieb verquirlen.

4 Die Eimasse vorsichtig mit der Mehlmischung vermischen.

5 Den Teig zu drei Vierteln in die Vertiefungen der Form füllen und auf einem Backrost auf der mittleren Schiene des vorgeheizten Backofens 10 Minuten backen.

6 Für die Glasur die Butter in einem Topf schmelzen. Den Topf vom Herd nehmen und den Puderzucker sowie den restlichen Zitronensaft einrühren. Die Glasur etwas abkühlen lassen und die erkalteten Muffins darin eintauchen. Mit Blättchen von dem Zitronenthymian verzieren.

Einfach unwiderstehlich

Coconut Dream

Zubereitungszeit

15 Minuten

Backzeit

10 Minuten

Für die Form

etwas geschmacksneutrales Öl

Zutaten

90 g Mehl
1 EL Speisestärke
1 TL Backpulver
40 g Kokosraspel
1 Prise Salz
1 Ei (Größe M)
40 g Zucker
50 ml geschmacksneutrales Öl

2 EL Batida de Coco
2 EL saure Sahne
4 EL Puderzucker

Für den Guss:
1 TL Batida de Coco
Kokosraspeln zum Wälzen

1 Den Backofen auf 175 °C Ober- und Unterhitze vorheizen (Umluft: 155 °C). Die Vertiefungen der Form mit Öl einpinseln.

2 Das Mehl mit Speisestärke, Backpulver, Kokosraspeln und Salz vermengen.

3 In einer zweiten Schüssel das Ei mit dem Zucker, Öl, Batida de Coco und der sauren Sahne verquirlen.

4 Die Mehlmischung mit der Eiermasse vorsichtig vermengen. Den Teig zu drei Vierteln in die Vertiefungen der Form füllen und auf einem Rost auf der mittleren Schiene des vorgeheizten Backofens 10 Minuten backen.

5 Den Puderzucker mit dem Batida vermischen. Die abgekühlten Muffins in den Puderzucker tauchen und anschließend sofort in den Kokosraspeln wälzen.

Verführerisch nussig

Walnuss-Pralinen

Zubereitungszeit

25 Minuten

Backzeit

12 Minuten

Für die Form

etwas geschmacks-
neutrales Öl

Zutaten

2 EL Honig
24 Walnusshälften
90 g Mehl
1 EL Speisestärke
1 TL Backpulver
2 TL Kakaopulver
2 EL Walnüsse, gehackt
2 EL Schokolade, gehackt
1 Prise Salz

1 Ei (Größe M)
30 g Zucker
1 EL Rum
50 ml geschmacks-
neutrales Öl
Dunkle Kuchenglasur

1 Den Backofen auf 175 °C Ober- und Unterhitze vorheizen (Umluft: 155 °C). Die Vertiefungen der Form mit Öl einpinseln.

2 Den Honig in einer Pfanne leicht erwärmen. Die Walnusshälften darin wenden.

3 Das Mehl mit Speisestärke, Backpulver, Kakaopulver, gehackter Schokolade und Walnüssen und der Prise Salz vermengen.

4 In einer zweiten Schüssel das Ei mit dem Zucker, dem Rum und dem Öl verquirlen.

5 Die Mehl- mit der Eimasse vorsichtig vermengen. Den Teig zu drei Vierteln in die Vertiefungen der Form füllen und auf einem Rost auf der mittleren Schiene des vorgeheizten Backofens 12 Minuten backen.

6 Die dunkle Kuchenglasur auf einem heißen Wasserbad erwärmen. Die Muffins kopfüber in die Schokolade tauchen. Die Walnusshälften auf die noch feuchten Muffins drücken und abkühlen lassen.

Für beste
Freunde

Likör-Pralinen

Zubereitungszeit

15 Minuten

Backzeit

10 Minuten

Für die Form

etwas geschmacks-
neutrales Öl

Zutaten

90 g Mehl
20 g Mandeln, gemahlen
1 TL Backpulver
1 EL Speisestärke
½ TL Piment, gemahlen
1 Ei (Größe M)
50 g Zucker
40 g Zartbitterschoko-
lade, 70 % Kakaoanteil,
geschmolzen

30 ml geschmacks-
neutrales Öl
5 EL Grand Marnier
3 EL Joghurt
1 Prise Salz
75 g Zartbitterschoko-
lade, 70 % Kakaoanteil,
geschmolzen

1 Den Backofen auf 180 °C Ober- und
Unterhitze vorheizen (Umluft: 160 °C).
Die Vertiefungen der Form mit Öl
einpinseln.

2 Das Mehl mit Mandeln, Backpulver,
Speisestärke und dem Piment verrühren.

3 In einer zweiten Schüssel das Ei mit
Zucker, geschmolzener Schokolade,
Öl, 2 Teelöffeln Grand Marnier, Joghurt
und Salz verquirlen.

4 Die Mehl- mit der Eimasse vorsichtig
mischen. Den Teig zu drei Vierteln in
die Vertiefungen der Form füllen und
die Muffins auf einem Rost auf der
mittleren Schiene des vorgeheizten
Backofens 10 Minuten backen.

5 Die noch warmen Muffins mit dem
restlichen Grand Marnier tränken
und trocknen lassen. Dann kopfüber
in die flüssige Schokolade tauchen.

Tipp Setzen Sie die Muffins in
Dessert- oder Champagner-
schalen mit Cranberry-Kompott.
(Siehe Seite 74)

Pikant und lecker

Hirtenhäppchen

Zubereitungszeit

35 Minuten

Backzeit

14 Minuten

Für die Form

etwas geschmacks-
neutrales Öl

Zutaten

90 g Mehl
1 EL Speisestärke
1 TL Backpulver
40 g Mandeln, gemahlen
½ TL Salz
2 Eier (Größe M)
3 EL Joghurt
½ TL Kreuzkümmel,
gemahlen

80 g Rote Bete, vorgegart
1 EL Zitronensaft
50 ml geschmacks-
neutrales Öl
3 EL Pinienkerne,
geröstet, gehackt
200 g Feta
60 g Frischkäse
schwarzer Pfeffer,
frisch gemahlen

1   Den Backofen auf 175 °C Ober- und
Unterhitze vorheizen (Umluft: 155 °C).
Die Vertiefungen der Form mit Öl
einpinseln.

2   Das Mehl mit Speisestärke, Backpulver, Mandeln und Salz vermengen.

3   In einer zweiten Schüssel die Eier
mit Joghurt und Kreuzkümmeln verrühren. Die Rote Bete klein hacken
und mit Zitronensaft marinieren.
Öl hinzugeben. Die Pinienkerne in
einer beschichteten Pfanne anrösten.
140 Gramm Feta fein zerbröseln.
Alle Zutaten mit der Eimasse gut
vermischen.

4   Die Mehl- mit der Eimasse vorsichtig
verrühren. Den Teig zu drei Vierteln
in die Vertiefungen der Form füllen.
Die Muffins auf einem Backrost auf
der mittleren Schiene des vorgeheizten
Backofens 14 Minuten backen.

5   Den Frischkäse mit dem restlichen
Feta zu einer glatten Masse verrühren.
In eine Spritztülle füllen und jeweils
einen Tupfer auf die Muffins spritzen.
Mit schwarzem Pfeffer bestreuen.

Einladend
herzhaft

Schinkenkörbchen

Zubereitungszeit

35 Minuten

Backzeit

14 Minuten

Für die Form

etwas geschmacks-
neutrales Öl

Zutaten

12 Scheiben Frühstücks-
speck (Bacon)
50 g Speckwürfel
1 TL Butter
4 EL Möhren, sehr fein
geraspelt
4 EL Lauchzwiebeln,
klein geschnitten
Pfeffer aus der Mühle

Salz
90 g Mehl
1 EL Speisestärke
1 TL Backpulver
½ TL Muskatnuss, frisch
gerieben
½ TL Salz
2 Eier (Größe M)
7 EL Joghurt
50 ml geschmacks-
neutrales Öl

1 Den Backofen auf 175 °C Ober- und
Unterhitze vorheizen (Umluft: 155 °C).
Die Vertiefungen der Form mit Öl
einpinseln. Den Speck halbieren und
die Vertiefungen damit auslegen.

2 Den Schinkenspeck in etwas Butter
anbraten. Sobald der Schinken kross
ist, Möhren und Lauchzwiebeln hinzugeben und mitbraten. Mit Pfeffer und
Salz abschmecken.

3 Das Mehl mit Speisestärke,
Backpulver, Muskatnuss und Salz
vermengen.

4 In einer zweiten Schüssel die Eier
mit Joghurt und Öl verrühren. Die
Schinken-Gemüsemasse hinzufügen
und unterrühren.

5 Die Mehlmischung mit der Eimasse
vorsichtig verrühren. Den Teig zu drei
Vierteln in die Vertiefungen der Form
füllen. Die Muffins auf einem Backrost auf der mittleren Schiene des
vorgeheizten Backofens 14 Minuten
backen. Herausnehmen und noch
warm servieren.

Antipasti Muffini

Zubereitungszeit

30 Minuten

Backzeit

10 Minuten

Für die Form

etwas geschmacks-
neutrales Öl

Zutaten

90 g Mehl
1 EL Speisestärke
1 TL Backpulver
½ TL Salz
1 TL schwarze Oliven,
entsteint
1 Ei (Größe M)
2 EL Joghurt
50 ml Öl

Für die Tapenade

100 g schwarze Oliven
1 EL Kapern
1 EL Parmesan, gerieben
1 TL Semmelbrösel
4 EL Zitronensaft
1 Salz, 1 Knoblauchzehe
1 Glas eingelegte Paprika-
schoten
Basilikumblättchen
grober schwarzer Pfeffer

1 Den Backofen auf 175 °C Ober- und
Unterhitze vorheizen (Umluft: 155 °C).
Die Vertiefungen der Form mit Öl
einpinseln.

2 Das Mehl mit Speisestärke, Backpulver
und Salz vermengen. Die Oliven klein
hacken und hinzugeben.

3 In einer zweiten Schüssel das Ei
mit Joghurt und Öl verquirlen.

4 Die Mehl- mit der Eimasse vorsichtig vermengen und den Teig zu drei
Vierteln in die Vertiefungen der Form
füllen. Die Muffins auf einem Backrost
auf der mittleren Schiene des vorgeheizten Backofens 10 Minuten backen.

5 Für die Tapenade die Oliven mit
Kapern, Parmesan, Semmelbrösel,
Zitronensaft und Salz in eine Schüssel
geben. Den Knoblauch abziehen und
hinzufügen. Mit einem Pürierstab alle
Zutaten zu einer geschmeidigen Masse
pürieren. Sollte die Tapenade zu tro-
cken sein, etwas Olivenöl hinzugeben.
Mit Salz nach Geschmack würzen und
über den noch lauwarmen Muffins
verteilen.

6 Die Paprika abtropfen lassen und
in schmale Streifen schneiden.

7 Die Muffins mit den Paprikastreifen
und Basilikumblättchen garnieren.
Mit grobem Pfeffer bestreuen. Noch
warm servieren.

Würziges Fingerfood

Spinatpastetchen

Zubereitungszeit

30 Minuten

Backzeit

20 Minuten

Für die Form

etwas geschmacks-
neutrales Öl

Zutaten

2 Blätterteigplatten (à 275 g)
100 g Ziegenfrischkäse
bunter Pfeffer
75 g Babyspinat, frisch
Salz
50 g Ziegenfeta
20 g Butter, flüssig

1 Den Backofen auf 175 °C Ober- und
Unterhitze vorheizen (Umluft: 155 °C).
Die Vertiefungen der Form mit Öl
einpinseln.

2 Den Blätterteig ausrollen und in
3 Streifen à 15 cm schneiden.

3 Den Ziegenfrischkäse auf die Teigstreifen streichen. Am hinteren läng-
lichen Ende 1 cm frei lassen. Mit frisch
gemahlenem Pfeffer würzen. Die Spi-
natblättchen auf dem Ziegenfrischkäse
verteilen. Nach Geschmack salzen.

4 Den Teig von der Längsseite her aufrollen. Die Teigfläche mit dem freien
Zentimeter an die Rolle drücken. Mit
einem scharfen Messer Teigstücke

von jeweils ca. 3 Zentimeter Breite
abschneiden, am unteren Ende ein
wenig zusammendrücken und in die
Förmchen setzen.

5 Den Feta zerbröseln und auf die
Teilröllchen streuen. Mit flüssiger
Butter bestreichen.

6 Die Pastetchen auf einem Backrost auf
der mittleren Schiene des vorgeheizten
Backofens ca. 20 Minuten backen.

7 In der Form ca. 5 Minuten abkühlen
lassen. Mit einem scharfen Messer
um die Teigröllchen herumfahren.
Die Röllchen vorsichtig aus der Form
heben, mit buntem Pfeffer bestreuen
und noch warm servieren.

Tipps und Ideen

Aufbewahren: Mini-Muffins schmecken am allerbesten, wenn sie frisch gegessen werden. Wenn Sie nicht gleich alle aufessen oder auf Vorrat backen wollen, können Sie sie problemlos einen Tag in einer möglichst dicht schließenden Dose aufbewahren. Unglasierte Muffins lassen sich auch einfrieren. Zum Auftauen legen Sie sie auf ein Backblech und backen sie im vorgeheizten Backofen bei 180 °C 5–7 Minuten wieder auf. Da sich Mini-Muffins sehr schnell herstellen lassen, rate ich aber eher zur tagesfrischen Zubereitung.

Cranberry-Kompott:

Für 4 Schalen benötigen Sie 150 g frische oder gefrorene Cranberrys, 75 g braunen Zucker, 2 EL Cointreau. Die Cranberrys mit etwas Wasser und dem Zucker in einem kleinen Topf 5 Minuten kochen lassen, bis die Cranberrys platzen. Zuletzt den Cointreau hinzugeben und das Kompott kalt stellen.

Espresso-Sauce: Dafür benötigen Sie ¼ Liter Espresso, 50 g Zucker, 50 g Zartbitterschokolade und 50 g Sahne. Den Espresso mit dem Zucker ca. 10 Minuten einkochen lassen, die Schokolade in Stücke brechen und mit der Sahne zum Espresso geben und bei niedriger Temperatur schmelzen. Die Sauce darf nicht mehr kochen. Die Sauce auf einem Teller dünn verteilen, die Muffins darauf setzen und mit je einer Himbeere und einem Minzeblättchen garnieren.

Hefeteig: Wenn Sie den Hefeteig selbst machen wollen, benötigen Sie ½ Würfel Hefe, 1 TL Zucker, 80 ml Milch, 300 g Mehl, 30 g Butter, 40 g Zucker, 1 Ei, 1 Eigelb, 1 Msp Zitronenabrieb, 1 Prise Salz.
Für den Vorteig ins Mehl eine kleine Mulde drücken, die Hefe mit Zucker und der lauwarmen Milch vermischen und abgedeckt ca. 15 Minuten gehen lassen. Die restlichen Zutaten zum Vorteig geben und den Teig mit den Knethaken des Rührgeräts gut verkneten. Weitere 20–30 Minuten an einem warmen Ort gehen lassen. Anschließend auf 25 x 40 cm ausrollen.

Alphabetisches Rezeptverzeichnis

Impressum

ISBN: 978-3-8094-4790-0

1. Auflage
© 2024 by Bassermann Verlag, einem Unternehmen der Penguin Random House Verlagsgruppe GmbH, Neumarkter Straße 29, 81673 München

Die Originalausgaben erschienen unter den Titeln Freche Mini-Muffins und Mini-Muffins.

Jegliche Verwertung der Texte und Bilder, auch aus zugsweise, ist ohne die Zustimmung des Verlags urheberrechtswidrig und strafbar. Dies gilt auch für Vervielfältigungen, Übersetzungen, Mikroverfilmung und für die Verarbeitung mit elektronischen Systemen.

Der Verlag weist ausdrücklich darauf hin, dass im Text enthaltene externe Links vom Verlag nur bis zum Zeitpunkt der Buchveröffentlichung eingesehen werden konnten. Auf spätere Veränderungen hat der Verlag keinerlei Einfluss. Eine Haftung des Verlags ist daher ausgeschlossen.

Umschlag- und Boxgestaltung:
Atelier Versen, Bad Aibling
Bildredaktion: Sabine Kestler
Herstellung: Franziska Polenz
Projektleitung: Macielle Montoya Barea
Layout: Atelier Versen, Bad Aibling
Fotografie und Foodstyling:
Andreas Ketterer, Evelyn Layher, www.ketterer-layher-foodphoto.de
Cover, 2/3, 13, 15, 17, 19, 21, 23, 29, 31, 33, 37, 39, 41, 43, 47, 57

Fotografie Karl Newedel, Foodstyling Christian Arsan: 25, 27, 35, 45, 49, 51, 53, 55, 59, 61, 63, 65, 67, 69, 71, 73, 78/79

Adobe Stock: 7, 11, 12, 16, 28, 34, 77 (Artem), 8, 9, 60, 72 (Marina Gorskaya)

Die Informationen in diesem Buch sind von der Autorin und dem Verlag sorgfältig geprüft, dennoch kann eine Garantie nicht übernommen werden. Eine Haftung der Autorin bzw. des Verlags und seiner Beauftragten für Personen-, Sach- und Vermögensschäden ist ausgeschlossen.

Der Verlag behält sich die Verwertung der urheberrechtlich geschützten Inhalte dieses Werkes für Zwecke des Text- und Data-Minings nach § 44b UrhG ausdrücklich vor. Jegliche unbefugte Nutzung ist hiermit ausgeschlossen

Satz: Nadine Thiel, kreativsatz, Baldham
Druck und Bindung: TBB, a.s., Banská Bystrica
Printed in Slovakia

MIX
Papier | Fördert
gute Waldnutzung
FSC® C022120

Penguin Random House Verlagsgruppe FSC® N001967

Dank

Das Wichtigste zum Schluss. Wie bei jedem Buch sind sehr viel mehr Menschen mit Engagement und Tatkraft an einem Buchprojekt beteiligt, als Namen auf dem Cover stehen. Mein herzlicher Dank gilt Nina Andres, die sich mit all ihrer Erfahrung und Fachkenntnis meiner kleinen Muffins angenommen hat. Gedankt sei auch den vielen mutigen Testessern, die es manchmal kaum übers Herz brachten, die hübschen Minimuffins zu verspeisen, sich aber dann doch beherzt dieser Aufgabe stellten. Von ganzem Herzen danke ich Rita Seitz – fürs Mitbacken, Mitessen, fürs Fantasieren und Experimentieren und für alles andere auch.

Mehr Infos zu bereits erschienen Titeln unter www.luise-lilienthal.de